MANUALE DELLA COMPAGNIA FILOSOFICA

Principi, procedure, esercizi

Loyev Books

MANUALE DELLA COMPAGNIA FILOSOFICA

Principi, procedure, esercizi

Seconda edizione

RAN LAHAV

Traduzione e prefazione di Silvia Peronaci

Loyev Books

Titolo originale: *Handbook of philosophical companionships*
Traduzione di Silvia Peronaci

ISBN-13: 978-0-9985330-5-6
ISBN-10: 0-9985330-5-X

Text Copyright © 2016 Ran Lahav. Tutti i diritti riservati
Cover photograph copyright © 2016 Ran Lahav

Loyev Books
1165 Hopkins Hill Road, Hardwick, Vermont 05843, USA
philopractice.org/web/loyev-books
LoyevBooks@gmail.com

Indice

Prefazione di Silvia Peronaci　　　　vii

Capitolo 1: Principi generali　　　　1

Capitolo 2: Concetti basilari　　　　16

Capitolo 3: Questioni pratiche　　　　34

Capitolo 4: Procedure e esercizi　　　　44

Conclusioni　　　　63

Riconoscimenti

Sono grato ai molti colleghi e ai filosofi praticanti che hanno partecipato con entusiasmo alle mie compagnie filosofiche esplorative, sia online che di persona. Senza la loro partecipazione entusiasta, senza la loro creatività e apertura mentale, questo libro non sarebbe stato possibile.

Prefazione di Silvia Peronaci

Ran Lahav opera nell'ambiente della Pratica Filosofica da più di vent'anni. Ha insegnato Consulenza Filosofica all'università e ha pubblicato svariati articoli e libri sulla materia, continuando a inventare nuove pratiche e a impiegarle efficacemente, in giro per il mondo, con gruppi e individui. Organizza conferenze internazionali, tiene seminari, raccoglie testimonianze videoregistrate e altro ancora.

Circa due anni fa ha avviato, in collaborazione con Carmen Zavala, il sito web Philo-Practice Agora, un luogo d'incontro elettronico dei filosofi pratici (www.philopractice.org) oggi disponibile in sei lingue. Questo nuovo tempio filosofico del «pensare stando insieme» è cosmopolita, accoglie tutti, non solo il filosofo pratico professionista ma anche il pensatore che è in ognuno di noi. Il suo scopo è di farci fermare a riflettere, di trovare un tempo per la filosofia – una tradizione umana che ci è stata sottratta, confinata nei libri, e che oggi rivogliamo indietro nella vita quotidiana.

Ciò che rivogliamo indietro è il senso. Desideriamo fortemente ciò che in esso è relazione, quel magico tocco altrui capace di ridestarci, l'incontro che, attraverso la prossimità fisica, svela il monito implacabile del tempo che fugge. Tale autentico spirito d'amicizia può essere raggiunto solo superando i propri schemi di chiusura psicologica e aprendosi a un atteggiamento solidale. Solo così è possibile apprezzare, vivere e interpretare quella vertiginosa saggezza capace di cogliere l'irripetibile unicità di ogni istante. Con la comprensione vissuta di tale saggezza oscilliamo come un pendolo fra l'amore e la paura, fra l'ammirazione e il disgusto, fra la filo-sofia e la «fobo-sofia», con la convinzione di volere tale conversione alla saggezza. Eppure, poco prima che si sia fatto giorno, cambiamo idea, dobbiamo ricominciare da capo e siamo chiamati a raffinarci di nuovo nelle nostre più intime certezze. «La realtà umana non parla in me da sola», sostiene Ran Lahav in questo testo, e per ciò c'è bisogno della pratica filosofica, di un «atto ricettivo che è anche fortemente creativo» e, potremmo aggiungere, una forma d'indagine intellettuale critica e responsabile, ben diversa delle tante mode New Age.

Ran Lahav non ha bisogno di presentazione, non solo per la sua fama e per la sua inarrestabile operosità, ma anche perché il suo tipo d'impegno filosofico include il viaggio come parte integrante. È un fatto che la maggior parte della piccola comunità internazionale di pratica filosofica lo conosce di persona e ha parlato direttamente con lui. Una persona può dimenticarsi di ciò di cui ha parlato con il nostro autore; ma difficilmente dimenticherà il modo in cui lo ha fatto sentire un caro vecchio amico: importante, prezioso e unico. Un simile talento umano si è dimostrato nel tempo qualcosa di più di un dono personale, divenendo una specie di daimon conduttore, la vocazione stessa alla radice del suo lavoro di filosofo pratico.

Recentemente Ran Lahav ha ideato la Compagnia filosofico-contemplativa, una nuova visione della pratica filosofica cui si dedica da tempo. Si tratta di un Manuale della compagnia filosofica (che abbreviamo con la sigla Mcf) volto a illustrare tale progetto e a realizzarlo, offrendosi quale strumento di lavoro. Se la Consulenza filosofica si concentra sul consultante e il Café Philo mette in luce un soggetto particolare, quest'ultimo format della pratica filosofica, attuabile sia in incontri online che di persona, è incentrato invece sullo «stare insieme». Stare insieme, spiega l'autore per mezzo di un raffronto esplicativo, significa «pensare con l'altro» più che «pensare intorno alle idee dell'altro».

Per afferrare appieno tale differenza, immaginiamoci qualcuno che condivide il pane con noi e qualcun altro che mangia il pane da solo. Il significato della parola «compagnia» sta tutto qui. Nel primo caso, il pane è qualcosa che mangiamo con qualcuno, cioè in compagnia (dal latino cum, con, e panis, pane); è il pane di un'esperienza condivisa, come condiviso è il pensiero di chi «pensa con». Nel secondo caso, il pane è qualcosa su cui pensiamo, è l'idea di pane dentro uno scambio di «pensieri intorno» a esso; è il pane di un'esperienza isolata, il pane mangiato – o non mangiato – non da un compagno ma da un estraneo, da qualcuno il cui pane non equivale a un'idea condivisa ma a un'idea scambiata, da qualcuno che mangia o muore di fame da solo.

In tale distinzione il primo tipo di relazione è un dialogo; nel libro The Socratic Handbook, il filosofo norvegese Hans Skjervheim chiarisce il dialogo nel senso di un'«unità triplice: qualcuno (A) parla a qualcun altro (B), mentre si riferiscono allo stesso tempo al tema su cui verte il dialogo» (A. Lindseth, a cura di M.N. Weiss, 2015, p. 52). L'altro tipo di relazione, invece, quella del «pensare intorno alle idee degli altri», è un mero scambio d'idee, un mercato di temi insapore privo di «senso del profondo» (Mcf, §. 1.1), di concetti svuotati di quella risonanza che le idee hanno quando sono condivise in un vero dialogo.

Ran Lahav prende molto sul serio la selezione dei temi su cui i praticanti sono invitati a filosofare insieme. «Potremmo essere tentati di dire che ciò che conta nella compagnia filosofica non è quello che diciamo ma da dove lo diciamo. Ciò è però inesatto perché ciò che diciamo influenza il modo in cui lo diciamo» (Mcf, §. 2.4). Ogni singolo tema posto all'attenzione dei partecipanti ha la bellezza del fiore scelto con cura nel silenzio e nella contemplazione di una ricerca interiore. Settimanalmente aggiornato, alla pagina web di Agora, c'è un autentico tesoro di testi antologici della tradizione filosofica che vertono sui più disparati temi esistenziali, un vero e proprio regalo alla rete. Si tratta di letture che serbano intatto il profumo di quel silenzio in cui sono state trovate.

L'accurato vaglio dei testi non è casuale. I partecipanti, mantenendosi in linea col tema, per lo più col tema del testo scritto, ma anche con quello del testo narrato, che si riferisce all'«esperienza di un altro compagno» (Mcf, §. 5.3), evitano il rischio di scivolare dall'esperienza condivisa del dialogo contemplativo al dibattito borioso o dall'attenzione alle riflessioni del proprio compagno alla trasformazione di tali riflessioni in «oggetto d'indagine» (Mcf, §. 2.5).

Il tema è un po' come un tempio da varcare, come un cerchio sacro dove contemplare, pensare-con e beneficiare della comprensione condivisa. Tale comprensione, scrive il filosofo, assomiglia all'ascolto di un «concerto di musica», alla preghiera di un «pregare senza dogmi» (Mcf, §. 1.2), al «processo» di ricerca della domanda e non della risposta, della conclusione o del «risultato» (Mcf, §. 1.2). Il tema è uno studio per aprire se stessi, un pretesto per ricordare il nesso, come scrive Rilke, fra ciò che sappiamo e ciò che siamo pronti a sapere.

La miglior garanzia che nel corso di una sessione contemplativa non si scivoli dall'atteggiamento solidale dello stare insieme all'usuale atteggiamento individualista è quest'aderenza al tema. Da essa dipende il successo dello sforzo congiunto di pensare in squadra senza dividersi e senza riprendere ognuno a pensare per conto proprio. Quando, durante una conversazione, ci accorgiamo di essere preda di un automatismo competitivo basato su un botta e risposta, possiamo ricordarci di verificare se, invece di ruminarlo bene, non abbiamo inghiottito inavvertitamente quel certo pane filosofico, cioè il tema. O forse è la nostra stessa voce che abbiamo inghiottito invece di unirci, per così dire, alla «cantilena».

La «Cantilena Filosofica» (o «Ruminatio») è un promettente esercizio (Mcf, §. 4.4) che sfrutta l'intuizione religiosa relativa al funzionamento della mente umana. L'atto di ripetere intenzionalmente le parole può portare la comprensione da un piano estrinseco e astratto a quello intimo di una comprensione vissuta. Tramite questa specie di risveglio, cominciamo sempre più a pensare a ciò che viviamo, come qualcuno ha detto, mentre evitiamo di vivere ciò che pensiamo. Ciò che viviamo è vitale, fragile, mortale. Ciò che pensiamo è essenziale, immutabile, immortale: sintonizzare questi due canali non è facile ma è il cuore pulsante della pratica filosofica.

Ran Lahav, nel suo Manuale, ha raccolto all'incirca due dozzine fra Principi, Concetti di Base, Questioni pratiche, Procedure ed Esercizi di aiuto e di accompagnamento al pensare-con gli altri e al «risuonare» insieme (Mcf, §. 2.8 e 4.1). Grazie a tali sollecitazioni impariamo a capire ciò che pensiamo, non tramite il solito scambio d'idee preconfezionate intorno a esperienze passate, isolate e standardizzate nella memoria, ma tramite l'esperienza simultanea di condivisione.

La natura comune del senso, il legame fra gli altri e l'essere sensato delle cose, sono sempre stati un'ambizione filosofica. Chi non si limiterà a leggere questo Manuale ma lo userà adottandone le linee guida nella pratica quotidiana, sarà toccato dalla scoperta che il significato di «pensare con» arriva allo strato vitale delle cose, molto più profondo di quello essenziale, formale e astratto. Il senso, come il pane, è essenzialmente lo stesso quando siamo da soli o con qualcuno; ma solo quando siamo con qualcuno, il senso, come il pane, contiene ciò che lo rende vitale e nutre.

Nello stare insieme si realizzano le condizioni per intendere il lato pubblico del senso, quello del pane e di ogni altra cosa. È un lato che rimane nascosto finché stiamo per conto nostro e crediamo che, siccome i fatti parlano da sé, il senso abbia un volto solo. Tale atteggiamento non dipende dalla solitudine in sé ma dalla concezione surrettizia che l'esperienza sia una quiete irrealistica e cristallina, un regno geometrico che non si trasforma mai, che non nasce o perisce ma si ripete immutato. Così facendo, anziché capire il significato di una situazione, ci accontentiamo di un'immagine; invece di penetrare il senso di una sindrome, usiamo protocolli e locuzioni standard; anziché calarci nell'esperienza di un problema, ne cerchiamo al più presto la soluzione; invece di ascoltare gli altri in silenzio, facciamo subito una battuta scaltra; invece di prestare ascolto alla propria confusione, facciamo una telefonata, una ricerca su Google, sul navigatore o guardiamo la televisione.

Quando agiamo per conto nostro, ci sentiamo paradossalmente sicuri per le stesse ragioni per cui ci sentiamo insicuri. Ci sentiamo sicuri perché nessuno ci guarda e nulla sembra irrevocabile come al cospetto degli altri, dove ciò che è fatto non si può disfare. Ci sentiamo insicuri perché siamo gli unici testimoni e ciò che ignoriamo sarà ignorato per sempre. Quando agiamo per conto nostro, la nostra esperienza vivente è svuotata della complementarietà dell'esperienza vivente altrui, non interessa nessun altro.

Se morissimo interiormente e non solo di fatto, non potremmo raggiungere da soli quel lato morto dell'esperienza e percepire la qualità dei nostri cambiamenti. Da soli, non possiamo scorgere il lato buio della nostra luna. Ognuno lo sa e lo capisce ma, per vivere questa comprensione, per «fare esperienza del pensiero», come ha detto Carmen Zavala ieri sera nel nostro incontro online settimanale, c'è bisogno di rinfrescare quella conoscenza con regolarità in un gruppo dedicato al dialogo, un gruppo come la «Compagnia filosofico-contemplativa» di Ran Lahav.

Vorrei terminare con un'osservazione dall'apparenza insignificante ma che così non è. Ogni esercizio del presente Manuale prevede la possibilità che si salti il proprio turno dicendo «Passo». Bisogna provare a farlo per capirlo. Basta questo semplice gesto vocale per allenare nel silenzio il senso interiore di quella giusta distanza tanto difficile da raggiungere, per ritrovare l'idea che il senso non è un possesso ma un passaggio.

―――

Silvia Peronaci è una filosofa pratica italiana che ha partecipato attivamente alle precedenti ricerche - come a quelle più recenti - sulla contemplazione filosofica di Ran Lahav. Ha uno studio privato di Consulenza Filosofica a Roma, dove insegna anche Yoga.

Capitolo 1
PRINCIPI GENERALI

Che cos'è una compagnia filosofica?
Una compagnia filosofico-contemplativa – o «compagnia filosofica» – è un gruppo di persone che s'incontrano abitualmente online o di persona, una volta alla settimana oppure nel week-end, per contemplare insieme sulla base di un testo filosofico. Più in particolare, e per varie ragioni, non si tratta di un normale gruppo di discussione. In primo luogo, come si evince dalla parola «compagnia», la relazione fra i compagni è molto speciale. I compagni filosofici, a differenza dei gruppi di discussione dove i partecipanti esprimono opinioni personali e affermano cose, pensano insieme e «risuonano» l'uno con l'altro e con il testo. In secondo luogo, com'è sottinteso nel termine «contemplativo», i compagni pensano e interagiscono dalla parte più profonda del loro essere.

Nello specifico possiamo dire che la compagnia filosofico-contemplativa è composta da tre elementi: l'*attività* del gruppo, l'*aspirazione* che lo guida e il suo *obiettivo* a lungo termine.

L'*attività* in una compagnia ha tre caratteristiche principali: la prima è che i compagni riflettono su un'idea o su un testo filosofico partendo dalla loro profondità interiore e non pensando o interagendo con una parte superficiale e circoscritta di loro stessi, sulla base di schemi mentali, opinioni o spirito analitico. Essi cercano piuttosto di dar voce alla loro interiorità. La seconda è che i compagni pensano e conversano insieme. Invece di pensare *intorno alle* idee altrui, pensano *con* l'altro. Come i musicisti jazz risuonano l'uno con l'altro creando insieme un brano comune di musica, così i compagni risuonano l'uno con l'altro sviluppando insieme comprensioni filosofiche. Sono, metaforicamente parlando, fianco a fianco, anziché ognuno di fronte all'altro con le proprie opinioni. La terza è che i compagni stanno insieme anche con il testo o con l'idea filosofica, non mettendosi a favore o contro ma risuonando.

Tale attività, con queste tre caratteristiche, consente ai compagni di lasciarsi guidare da un'*aspirazione* principale: mirare alla profondità. Si tratta di un'aspirazione a fare esperienza di visioni profonde, ad apprezzarne la profondità, a risvegliare la percezione del profondo e, talvolta, a far nascere idee profonde. Per questo la compagnia è filosofica. La contemplazione filosofica non verte su ciò che è «interessante», «divertente» o «utile» ma su comprensioni profonde e per questo la compagnia filosofica enfatizza il fatto di stare insieme. La profondità richiede di andare oltre il proprio sé autoreferenziale, di aprirsi a più ampi orizzonti dell'esistenza superando il proprio punto di vista personale. In senso lato, la profondità è dunque profondità-nello-stare-insieme.

La percezione del profondo tende a toccarci dentro, a risvegliare qualcosa di intimo in noi. L'*obiettivo* della compagnia è ridestare la dimensione più profonda del proprio essere. Ciò richiede di mettere da parte le abitudini di pensiero e di sviluppare un diverso atteggiamento interiore, un modo nuovo di stare con se stessi e con gli altri. L'obiettivo a lungo termine della compagnia è di coltivare la profondità interiore o, ciò che può anche dirsi, «dimensione interiore».

Questi tre elementi – l'attività del gruppo, l'aspirazione-guida e l'obiettivo – sono i pilastri che trasformano il gruppo in una compagnia filosofico-contemplativa.

Contemplazione filosofica come processo

Noi contempliamo per far tesoro delle idee e delle impressioni profonde che abbiamo quando stiamo insieme. Amiamo la profondità come in musica apprezziamo il bello e in cucina il gusto di ciò che è saporito. La profondità è, per così dire, la «bellezza» o il «gusto» della contemplazione filosofica.

La contemplazione filosofica è dunque principalmente un processo più che un metodo per raggiungere scopi tangibili. Ciò che conta di più non è il finale – conclusione, teoria o soluzione del problema – ma il processo stesso e, se quest'ultimo infonde gioia, si tratta di una gioia che scaturisce dai momenti di profondità vissuti insieme durante la sessione.

Sotto tale aspetto la sessione di una compagnia filosofica assomiglia più a un concerto musicale che a una consulenza. Ciò che conta, in una consulenza, è che il consultante approdi a una maggiore fiducia in se stesso, a un comportamento più appropriato, a relazioni familiari migliori, a una più piena stima di sé. Se, ad esempio, alla fine della consulenza l'ansia del consultante è diminuita, allora quella consulenza ha avuto successo. La sessione rappresenta pertanto una strada verso la destinazione voluta, una strada che non è importante di per sé e che potrebbe essere più corta o si potrebbe anche saltare se ci fosse un altro modo per raggiungere lo stesso risultato.

D'altro canto, un concerto di musica non mira a produrre un risultato che dobbiamo portare a casa alla fine. Sarebbe insensato chiedere come il concerto potrebbe generare lo stesso effetto in modo più rapido. Quando andiamo a un concerto è per farne esperienza minuto per minuto, non già per portare a casa un risultato. Importante è il concerto nella sua interezza, non il suo risultato finale.

Lo stesso vale per la compagnia filosofica. Ciò che conta, in una compagnia, sono i tanti momenti preziosi e profondi durante la sessione: istanti di profonde intuizioni raggiunte stando insieme, esperienze momentanee di trascendimento del proprio piccolo sé, lampi d'intuizione che fuoriescono dalla profondità interiore, impennate occasionali d'ispirazione e di pienezza. È inutile dire che non tutti i momenti sono come questi. Alcuni sono profondi e intensi, altri lo sono meno. Non possiamo pretendere che la sessione di una compagnia sia un'estasi continua. La maggior parte dei momenti di una sessione sono preziosi non perché sono intensi e fanno star bene ma perché sono parte di un movimento generale verso la profondità interiore.

La motivazione che ci spinge è il desiderio di toccare il profondo e, attraverso di esso, la dimensione interiore che è alla base dell'esistenza. Si tratta di un desiderio che, fondamentalmente, coincide con l'eros platonico, o con l'amore e, come in ogni storia d'amore, non tutti i momenti sono uguali, non tutti ugualmente entusiasmanti.

La compagnia filosofica, oltre ad avere momenti significativi all'interno della propria sessione, ha un effetto a lunga scadenza. E anche per questo è simile a un concerto musicale. Col passare dei mesi e degli anni i concerti musicali portano a sviluppare una sensibilità e una comprensione musicale. Più ascoltiamo la musica, più a fondo la apprezzeremo in futuro, anche se non è questa la ragione principale per cui andiamo a un concerto. Analogamente, anche la compagnia filosofica può avere effetti a lunga scadenza su di noi, può farci sviluppare una sensibilità filosofica, una capacità di apprezzare ciò che è profondo, una capacità sempre maggiore di contemplare stando insieme, di coltivare la dimensione interiore. Con la pratica dell'esercizio contemplativo, la capacità contemplativa e la sensibilità tendono a migliorare, anche se non è per questo effetto a lungo termine che partecipiamo a una sessione.

Possiamo anche paragonare la sessione di una compagnia a una preghiera. Non preghiamo per migliorare capacità future ma perché la preghiera è per se stessa significativa, è un modo di rivolgersi verso una realtà superiore. Tuttavia è innegabile che nel tempo ciò migliori la qualità delle proprie preghiere, che le renda più profonde, focalizzate e potenti. Una compagnia è significativa per ragioni parallele. Permette di entrare in contatto con la profondità del proprio essere e, nel lungo periodo, tramite l'esercizio e l'esperienza, di affinare le proprie capacità.

Possiamo dunque affermare che una sessione di compagnia filosofica è come una preghiera – una preghiera senza dogmi però, senza scritture sacre, senza chiesa o istituzioni, senza autorità religiose, senza un'immagine di Dio. Essa porta a rivolgersi verso la profondità dell'esistenza, verso una dimensione interiore. Nel tempo, essa può risvegliare la profondità interiore e aiutare a coltivarla.

La trasformazione di se stessi

Coltivando la profondità interiore, cambia anche il nostro atteggiamento verso noi stessi e verso la realtà. L'obiettivo a lunga scadenza della compagnia filosofica è quello di trasformare se stessi, di andare oltre gli schemi psicologici, oltre le proprie strutture, verso dimensioni più ampie dell'esistenza.

Ciò non significa credere che ci possiamo liberare da ogni costrizione psicologica. Dopotutto siamo degli esseri umani e abolire la psicologia non è possibile né desiderabile. Lavorando con costanza e coltivando la profondità interiore, possiamo sviluppare gradualmente la capacità di trascendere il nostro sé abituale e riuscire a essere, di tanto in tanto, qualcosa di più dei nostri meri schemi psicologici. È un'esperienza di liberazione e di pienezza interiore simile a quella di un prigioniero che, uscito dalla cella, almeno nei primi istanti, entra in un paesaggio infinito.

L'obiettivo della trasformazione di sé non è così impossibile come potrebbe sembrare ma è anzi fedele allo spirito stesso della filosofia occidentale. Molti importanti filosofi nel corso della storia hanno creduto che la filosofia potesse aiutare a trasformare se stessi nel senso di una vita più piena e più profonda.

Platone, ad esempio, nel Mito della Caverna, suggerisce che lo scopo della filosofia è di tirarci fuori dall'oscurità della caverna in cui siamo imprigionati per andare verso il sole della bontà, della bellezza e della verità. Gli antichi filosofi stoici usavano la riflessione filosofica per liberarsi dagli attaccamenti emotivi, per trovare dentro se stessi una «guida interna» razionale e sviluppare una disposizione tranquilla e armonica rispetto al cosmo. Spinoza diceva che, progredendo nella comprensione filosofica, avanziamo verso il felice stato dell'«amore intellettuale di Dio». La filosofia di Jean-Jacques Rousseau mostra come siamo normalmente alienati da noi stessi e come potremmo entrare in connessione con il sé naturale che è dentro di noi. La filosofia di Friederich Nietzsche sprona a superare il proprio piccolo sé verso la vita nobile dell'«oltreuomo». Ralph Waldo Emerson invita ad aprirsi alle superiori fonti dell'ispirazione che chiama «superanima». La filosofia poetica di Henri Bergson mira a sviluppare una stima intuitiva della nostra più profonda e interiore vita olistica. E la lista continua. Chiamo questi filosofi «pensatori della trasformazione».

È interessante notare che questi filosofi della trasformazione sono appartenuti a scuole di filosofia diverse e a periodi storici differenti. Hanno usato concetti diversi e hanno visto la condizione umana in modi tanto dissimili. Ciononostante sono stati uniti da un tema comune: la visione della trasformazione di se stessi. Hanno tutti intuito che la vita quotidiana è limitata e superficiale ma che la filosofia può aiutare a uscire dalla propria prigione a vantaggio di una vita più piena, più ricca e profonda.

Non tutti hanno dato alla filosofia lo stesso ruolo nel processo di trasformazione di se stessi. Alcuni, come gli Stoici, credevano che l'esercizio filosofico avesse il potere di cambiarci. Altri, come Rousseau, credevano che la filosofia potesse mostrare la strada verso la trasformazione di se stessi, benché il processo potesse non essere filosofico. Altri ancora, come Bergson, credevano che la filosofia potesse insegnare a guardare alla vita con maggiore sensibilità, o, come Nietzsche, che la filosofia potesse ispirare il lavoro di cambiamento di sé. Nonostante tali differenze, tutti concordavano con l'idea che la filosofia astratta fosse insufficiente. Chi cerca la trasformazione di se stesso deve fare di più che discutere in astratto. Deve praticare ed esercitarsi, contemplare sulle intuizioni filosofiche e lavorare per cambiare il proprio atteggiamento interiore.

Appartenendo alla tradizione dei pensatori della trasformazione, la compagnia filosofica attribuisce alla filosofia lo stesso ruolo di trasformazione che le attribuivano loro. Essa mostra come trascendere il proprio modo di vivere più limitato, sprona nella ricerca della profondità, fornisce strumenti per il cambiamento di sé e aiuta a risvegliare la dimensione interiore. Come i filosofi della trasformazione, anche una compagnia filosofica non si limita all'analisi logica, allo scambio di opinioni o a conversazioni teoriche ma incorpora in sé importanti elementi di vera pratica.

Tuttavia, come filosofi della trasformazione diversi hanno avuto diverse visioni della trasformazione, così anche ogni compagnia filosofica ha il suo approccio unico, o meglio rifiuta di seguire un approccio in particolare. Contrariamente ai pensatori tradizionali che volevano applicare la loro dottrina a tutti, la compagnia filosofica non segue un singolo punto di vista, non ha teorie precostituite sulla natura umana e su come dovremmo trasformarci, ma incoraggia i partecipanti a esplorare il loro cammino individuale, ognuno a modo suo.

La nascita della compagnia filosofica

La compagnia filosofica nasce nell'ambito del movimento della pratica filosofica. La pratica filosofica è un movimento di filosofi sparsi per il mondo i quali credono che la filosofia sia rilevante per la gente comune e non solo per i filosofi accademici o per i corsi universitari ma anche per la tal Maria che guida l'autobus e per il tal Giovanni che fa il cassiere in banca.

La filosofia è importante per la vita perché riguarda questioni basilari dell'esistenza che affiorano nella vita di ogni persona: che cos'è il vero amore? Quali sono i miei doveri morali? Esiste Dio? Come dare significato alla vita?

Dalla nascita di questo movimento nei primi anni Ottanta sono stati impiegati due tipi di attività fondamentali nella pratica filosofica. Il primo è la Consulenza Filosofica individuale, dove un consulente incontra un consultante per varie sessioni. I due discutono dei problemi e delle preoccupazioni personali del consultante in un modo molto simile a quello della consulenza psicologica a parte l'uso di strumenti di pensiero filosofici. Il secondo tipo di attività usato dai filosofi pratici è la discussione di gruppo, inclusi i cosiddetti Caffè Filosofici e i gruppi di Dialogo Socratico. Per molti anni, in questo campo, sono state queste le due principali attività e, il successo incontrato è stato parziale, senza riuscire mai ad attrarre un gran numero di clienti.

Credo che entrambe queste attività non siano l'ideale per la visione della filosofia pratica perché mancano di quella potenzialità di toccare la vita che pur la filosofia possiede. La discussione filosofica di gruppo è una discussione impersonale e tale è la sua limitata capacità di toccare la vita. La Consulenza Filosofica è focalizzata su problemi e preoccupazioni personali più che su questioni filosofico-esistenziali. Essa non mira alla saggezza o alla comprensione, come fa la filosofia, ma al benessere del consultante e a una maggior funzionalità dei suoi comportamenti. Non è dunque un'attività del tutto filosofica.

Diciamo questo non per sminuire i due tipi di attività che sono invece ottimi se aiutano a pensare, a riflettere e ad affrontare i problemi personali, ma perché essi, all'interno di una visione di pratica filosofica, non sembrano il miglior sistema per toccare la vita da vicino e per elevarla.

La compagnia filosofica è intesa a rappresentare un terzo tipo di attività della pratica filosofica, più filosofico della consulenza ma più personale della discussione di gruppo. Attualmente tale attività è promossa da Agora (www.philopractice.org), il punto d'incontro online dei filosofi pratici di ogni parte del mondo. Il progetto Agora non è stato il primo a sperimentare questo tipo di attività perché ci sono stati vari precedenti tentativi di compagnie che hanno provato a combinare il filosofare con la contemplazione.

Nel 2005 ho diretto, insieme con lo spagnolo José Barrientos, un ritiro di «filosofia contemplativa» che ebbe luogo nel sud della Spagna e a cui parteciparono quattordici filosofi di varie nazioni. Si trattò di un evento egualitario dove ogni partecipante propose al gruppo la sua sessione. Le attività sembravano promettenti, benché mancassero di un nucleo. Allora non capivamo ancora del tutto ciò che stavamo facendo.

Nel 2006 ho organizzato un gruppo di filosofi pratici provenienti da vari stati europei e abbiamo iniziato una «compagnia filosofica» internazionale. Ci siamo incontrati due volte, una prima volta a Firenze, in Italia, a un incontro organizzato da Neri Pollastri, una seconda volta in Danimarca, a un incontro organizzato da Finn Hansen. Quei due incontri furono interessanti ma, come prima, l'idea di ciò che stavamo facendo non era stata ancora abbastanza sviluppata. Cercavamo un nuovo modo di fare pratica filosofica e speravamo che la visione si sarebbe chiarita da sé attraverso gli incontri, cosa che invece non è avvenuta. Abbiamo continuato ancora per qualche tempo le nostre comunicazioni online; ma il gruppo si è sciolto nel giro di pochi mesi.

La conclusione che ho tratto da queste esperienze è che bisogna sviluppare una visione più chiara della compagnia filosofica – i suoi scopi, i suoi principi, le sue procedure. E che le visioni non nascono da sole.

Negli anni successivi ho provato vari laboratori e gruppi filosofici che combinavano insieme il filosofare con la contemplazione. È così che nel 2014 Carmen Zavala del Perù ed io abbiamo cominciato il progetto Agora. Il progetto si rivolge alla rete (www.philopractice.org) e mira a dar voce alla varietà di idee e di approcci esistenti nel campo, oltre al fatto che è concepito per permettere agli individui di presentare e di sviluppare le loro visioni filosofiche.

Dopo aver raccolto un piccolo gruppo di filosofi interessati, abbiamo cominciato a provare l'idea della compagnia filosofica online. I primi esperimenti si sono dimostrati promettenti ma ci sono voluti dei mesi per chiarire e articolare visione e metodi. Il nostro ultimo obiettivo è pluralistico e speriamo che in futuro altri filosofi pratici sviluppino questo tipo di attività in direzioni diverse. La mia esperienza precedente mi aveva comunque insegnato la necessità di cominciare da un punto iniziale chiaro e definito, altrimenti la visione non sarebbe decollata.

Nel dicembre del 2015, dopo aver pensato che l'approccio che avevamo in mente era abbastanza chiaro, abbiamo aperto nel sito Agora una nuova pagina dedicata alla compagnia e abbiamo cominciato a condurre gruppi internazionali che seguivano questa attività. Sebbene la compagnia filosofica possa essere praticata di persona, fino ad ora ci siamo concentrati sulla versione online, sperando che altri filosofi sviluppino la versione frontale di questa attività.

Capitolo 2

CONCETTI DI BASE

Molti concetti sono fondamentali per il funzionamento della compagnia filosofica. Questi sono: il concetto del profondo, la dimensione interiore, l'atteggiamento interiore, il parlare da, il contemplare, il dar voce, lo stare insieme e il risuonare.

La percezione del profondo

Come in cucina vorremmo cose saporite e nell'arte cose belle, così nella contemplazione filosofica aspiriamo a visioni profonde. La contemplazione filosofica non vuol essere «interessante», «divertente» o «utile» ma dare vita a idee e a impressioni profonde, aiutando ad apprezzare la profondità. Non avrebbe significato parlare del successo di una compagnia indipendentemente dalla percezione del profondo, come non avrebbe significato parlare della riuscita di una cena indipendentemente dalla percezione del sapore.

Ciononostante, la profondità non richiede di essere definita in anticipo. La percezione del profondo è, per sua stessa natura, solitamente nascosta, latente, in attesa di essere gradualmente risvegliata. Non è questione di definizioni preconfezionate ma di un'incessante ricerca personale sempre in via di sviluppo. Tale ricerca non concerne la definizione di «profondo» (come in cucina non si tratta di definire il «sapore») ma lo sviluppo della percezione e dell'apprezzamento – lo sviluppo di un «gusto» per il profondo, come in cucina un cuoco sviluppa il gusto del cibo.

Ovunque porti tale ricerca, possiamo riconoscerne la profondità dagli effetti che ha su di noi. Accostandoci a un testo filosofico che giudichiamo profondo, ne siamo ispirati e commossi, mentre in noi nasce un sentimento di stima, di pienezza, un senso di realtà. Il testo ci tocca in profondità e fa affiorare l'intima connessione fra idee profonde e profondità interiore personale.

La profondità è anche intimamente connessa col filosofare. Sperimentando a fondo un'idea, capiamo come tocchi qualcosa di fondamentale nell'esistenza umana e come sia ciò a conferire al filosofare quella speciale potenzialità evocativa del profondo. È proprio della filosofia, del resto, occuparsi di questioni basilari dell'esistenza.

Il profondo è anche collegato allo stare insieme. Nello sperimentare un senso di profondità, non ho in mente solo un'idea astratta ma apprezzo tale profondità essendone toccato, commosso, ispirato. Affinché ciò avvenga, dobbiamo essere coinvolti nell'incontro col testo, dobbiamo stare *con* le sue idee, *con* la realtà che esso racconta. Inoltre, anche se tale stare insieme al testo può essere ottenuto contemplando da soli, esso è arricchito dallo stare insieme con alcuni compagni. Contemplando insieme con gli altri, ci apriamo alle esperienze personali e alle altrui prospettive e siamo portati, di là dalle nostre chiusure, verso più ampi orizzonti di vita, fra partner umani che partecipano a una realtà umana condivisa. Accediamo così a una modalità di vita solidale per cui stiamo insieme sia con il testo sia con i partner di contemplazione.

L'esperienza del profondo è una specie di rivelazione, non qualcosa per cui «penso intorno» alla realtà umana ma qualcosa per cui sto *con* essa. Questa è la ragione che le conferisce tanta forza e potere d'ispirazione, non le interessanti teorie che ne derivano ma il fatto che essa mi coinvolge in qualcosa di reale e di più grande di me stesso.

La dimensione interiore

Incontrando idee e conoscenze profonde, la compagnia filosofica conduce alla dimensione interiore e la coltiva. Ma che significa «dimensione interiore»?

La risposta può essere trovata fra quei filosofi che prima ho chiamato «della trasformazione». Anche se non usano le parole «dimensione interiore», guardano nella stessa direzione. La cosa potrebbe stupire poiché le loro visioni appaiono molto diverse le une dalle altre e con ben poco in comune. Il filosofo stoico Marco Aurelio, ad esempio, vuole raggiungere uno stato di autocontrollo attraverso la ragione, mentre Bergson mira a un flusso olistico che non può essere analizzato. Nietzsche immagina una trasformazione nel senso della volontà di potenza e dell'affermazione di sé, mentre Emerson immagina uno stato di ricettività nei confronti di sorgenti nascoste che agiscono dentro di noi.

A parte queste differenze, c'è molto in comune fra questi pensatori. Innanzitutto, ognuno di loro dice che la condizione quotidiana che precede la trasformazione è ristretta entro schemi fissi e strutture ed è controllata da forze psicologiche automatiche. Poi, in confronto alle dettagliate descrizioni intorno alla condizione che precede la trasformazione, ognuno parla pochissimo della condizione trasformata, cioè della vita successiva alla trasformazione, cosa che induce a credere che la condizione trasformata, immaginata da ognuno, non segua formule generali. Laddove la nostra condizione normale è facilmente descrivibile perché costretta entro schemi limitati, la vita interiore, dopo la trasformazione, è libera da schemi e strutture e non può essere compressa dentro una descrizione generale. La trasformazione immaginata da quei pensatori porta a uno stato di libertà interiore e d'integrità che supera il nostro stato abituale di frammentazione.

La condizione trasformata, inoltre, è accompagnata da energia interiore (quieta o appassionata), ispirazione, spontaneità, pienezza, abbondanza e profondità. Alcuni pensatori riferiscono di pace e silenzio interiore, altri di un fluire, come di due diverse forme d'intensità.

Ognuno di quei filosofi descrive la condizione trasformata come rara e preziosa e rileva così quanto sia diversa dalla condizione normale. Si tratta di una potenzialità dell'esistenza umana normalmente realizzata solo in minima parte. La comune vita quotidiana è una piccola porzione di un potenziale tanto maggiore, una parte limitata del nostro essere mentre molte risorse interiori rimangono di solito latenti e inutilizzate.

In linea con tale tradizione filosofica, la compagnia filosofica ha come obiettivo a lunga scadenza di esplorare quelle dimensioni latenti del nostro essere – dove la parola «dimensione» è certo una metafora, non una dimensione geometrica ma una parola intenzionalmente vaga per evitare ogni possibile ricaduta dogmatica.

La «dimensione interiore» o la «profondità interiore» cui tendiamo va scoperta individualmente e non deve essere definita in anticipo. È uno stato raro e prezioso d'interezza, di profondità e di libertà interiore che intensifica il senso di realtà e di plenitudine. Di là da queste descrizioni molto generali, è impossibile descriverlo in linea teorica ed è necessario ricercarlo di persona.

Atteggiamento interiore

Non entriamo in rapporto col profondo e non accediamo alla dimensione interiore solo tramite teorie e analisi. Come amare, o sperare, è diverso dal pensare all'amore, o alla speranza, così ricongiungersi alla dimensione interiore non è la stessa cosa che discuterne.

Ciò non significa che le parole siano inutili. Il problema non è con le parole in se stesse ma con l'uso che ne facciamo. Più precisamente, il problema è l'atteggiamento interiore che assumiamo quando parliamo o pensiamo. Le parole sono strumenti potenti e flessibili. Possono essere usate sia per descrivere che per intonare canzoni d'amore, sia per pregare che per lamentarsi, sia per spaventare che per ispirare. Per usarle in modo contemplativo e per comunicare con la dimensione interiore, tuttavia, dobbiamo pronunciarle con l'atteggiamento interiore appropriato.

Un paragone aiuterà a chiarire cosa intendiamo per «atteggiamento interiore». Immaginiamo che qualcuno ci chieda di descrivere un albero che si trova distante. La nostra attenzione si rivolge all'albero laggiù, fuori e lontano da noi. Il nostro corpo proteso vive uno sforzo con cui concentra l'attenzione su quell'oggetto distante mentre le emozioni, il corpo, la sensazione di gioia e distensione col nostro amico nella natura, sono sospinti fuori dalla nostra mente. Il nostro intero essere sta assumendo la posizione di un osservatore che guarda un punto fuori, laggiù, un oggetto esterno. Si potrebbe dire che ora siamo nell'atteggiamento interiore dell'osservatore esterno.

Un atteggiamento per certi versi simile a quello dell'osservatore esterno può instaurarsi anche quando si cerca di descrivere qualcosa dentro di sé, per esempio un mal di testa o un senso di piacere. Un mal di testa, o un piacere, non è un oggetto esterno situato in un luogo fisico, ma, quando ci troviamo a descriverlo, ci mettiamo davanti a esso come se fosse un oggetto di fronte agli occhi della mente e assumiamo l'atteggiamento dell'osservatore che esamina qualcosa di distinto da se stesso. Analogamente, quando ci troviamo a descrivere noi stessi, separiamo noi stessi da noi stessi, dividiamo noi stessi, quali osservatori, da noi stessi, quali oggetti d'osservazione.

Siamo tanto abituati all'atteggiamento dell'osservatore esterno che difficilmente ce ne rendiamo conto. Quest'atteggiamento diventa comunque visibile se lo raffrontiamo con attitudini diverse. Ad esempio, quando ci accomodiamo a riposare tranquillamente contro un albero, non siamo più osservatori, non ci dobbiamo sforzare da qui a lì, da vicino a lontano per raggiungere un oggetto distante ma ci comportiamo in un modo diverso: siamo un unico intero *con* l'albero e *con* l'ambiente, in un atteggiamento interiore di dolce fluttuazione nel mondo. Similmente, arrampicandoci su un albero, lottiamo contro la sua resistenza spostandoci fra i suoi rami, spingendo e tirando. Non siamo concentrati su un oggetto remoto, né stiamo fluttuando dolcemente nell'ambiente, ma ci troviamo in un atteggiamento interiore combattivo: io *versus* un ostacolo. Oppure, passeggiando nel bosco, entusiasti della sua bellezza, ci piacerebbe protendere le mani e abbracciare tutto. Fluttuiamo al di fuori, verso il mondo, espandendoci in tutte le direzioni, oltre i nostri confini, in un atteggiamento interiore che potremmo chiamare di espansione. Se, per fare un ultimo esempio, scriviamo una poesia intorno a un albero, diventiamo ricettivi e attenti al suono delle parole che formano i versi nella nostra mente, mentre la parte sempre indaffarata del nostro sé se ne sta zitta. In ognuna di queste situazioni, ovviamente, ci ritroviamo in un diverso atteggiamento interiore.

L'atteggiamento interiore prende forma in vari modi, incluso il nostro modo di parlare. Per verificarlo basta provare a lamentarsi, a ringraziare qualcuno o a supplicarlo di qualcosa per rendersi conto di come l'atteggiamento interiore possa cambiare. Se osserviamo il nostro corpo, l'espressione del nostro volto, il nostro stato d'animo, ci accorgiamo che il modo in cui parliamo influenza il nostro atteggiamento, il quale, a sua volta, influenza il nostro intero essere.

Il modo in cui parliamo «colora» dunque il nostro atteggiamento interiore, non già per *ciò* che diciamo ma soprattutto per *come* lo diciamo. Parlare-di – descrivere, informare, analizzare – induce un certo atteggiamento interiore mentre lamentarsi, supplicare o dire una poesia ne induce uno ben diverso. Ognuno di questi atteggiamenti mobilita risorse diverse dentro di noi, diverse sensibilità, diverse azioni e capacità e tutto questo ha implicazioni rilevanti per la compagnia filosofica. Se vogliamo che il nostro filosofare sia contemplativo, se vogliamo che esso evochi in noi il senso del profondo, allora la questione non è *ciò* che diciamo ma *come* lo diciamo. Filosofare porta a scorgere la profondità interiore solo se è condotto con l'atteggiamento interiore opportuno.

Parlare da e ascoltare da

È con una metafora che affermiamo che le parole da noi usate provengono da «luoghi» diversi dentro noi stessi. Quando parliamo in un certo modo, le parole provengono dalla mente che osserva, quando parliamo in un altro, esse provengono dalle emozioni, dal silenzio interiore, dalla sensibilità estetica. Si tratta certo di metafore. Non ci riferiamo ovviamente a luoghi geografici nella mente o nel cervello. La metafora di «parlare da» ricorda che modi diversi di usare le parole attivano risorse diverse dentro di noi, differenti sensibilità, capacità e potenzialità.

Parlare e ascoltare parole è un mezzo efficace di coltivare l'atteggiamento contemplativo. Ascoltando o parlando «dalla» mia anima analitica, attivo le mie abilità analitiche, ascoltando o parlando «dalla» mia anima poetica, risveglio le mie propensioni e le mie sensibilità poetiche, ascoltando o parlando «dalla» mia anima sociale, attivo le mie sensibilità sociali. Allo stesso modo, ascoltando o parlando «dalla» mia dimensione interiore, attivo quegli aspetti di me stesso che sono sensibili al profondo e implicati nella mia dimensione interiore. Gli aspetti relativi alla dimensione interiore sono inattivi per la maggior parte del tempo perché siamo talmente occupati a correre a destra e a sinistra, a esprimere opinioni, a prendere decisioni pratiche, a giudicare e a calcolare, che la nostra dimensione interiore è raramente attivata. E quando non è attivata, si addormenta, si riduce, s'immiserisce poiché, ciò che non è praticato, lentamente scompare.

Per coltivare la dimensione interiore, bisogna praticarla, e la pratichiamo quando parliamo e ascoltiamo «da» tale dimensione, ossia dal senso del profondo. La compagnia filosofica è dunque un'attività concepita per aiutare a parlare e ad ascoltare *dalla* dimensione interiore; parlare e ascoltare da tale dimensione è ciò che chiamiamo, per l'appunto, *contemplazione*.

Potremmo essere tentati di dire che ciò che conta nella compagnia filosofica non è quello che diciamo ma da dove lo diciamo. Ciò è però inesatto perché ciò che diciamo influenza il modo in cui lo diciamo. È molto difficile, ad esempio, raccontare una barzelletta sporca con un atteggiamento poetico o parlare dei drammi di un caro amico con un atteggiamento spiritoso. Ciò che diciamo e come lo diciamo s'influenzano a vicenda.

Se dunque vogliamo ascoltare e parlare dalla dimensione interiore, se vogliamo porre il nostro essere in un atteggiamento profondo, allora dobbiamo scegliere il tema con cura. Il tema deve essere potenzialmente profondo, riferirsi all'esistenza umana e alle questioni basilari della vita. Non dobbiamo rapportarci con un atteggiamento di sicurezza dogmatica ma con un atteggiamento di meraviglia, di rispetto, con l'atteggiamento interiore del ricercatore. Per questa ragione filosofare è il modo migliore di esercitare la dimensione interiore. È chiaro che non ogni modo di filosofare coinvolge la dimensione interiore e tante discussioni filosofiche sono fatte con uno spirito analitico e distaccato. Non ogni filosofare conduce alla contemplazione (come dimostrano molti corsi universitari); eppure la contemplazione più profonda si raggiunge proprio filosofando.

Sintetizziamo dicendo che la compagnia filosofica è un'attività in cui i partecipanti filosofano su questioni esistenziali di fondo dalla profondità interiore del loro essere nella ricerca di conoscenze e impressioni profonde. In conclusione, il contenuto della compagnia filosofica è un tema filosofico; la forma del filosofare è conversare con un atteggiamento che muova «dalla» dimensione interiore e l'aspirazione è evocare intendimenti profondi. Questo tipo di attività è ciò che chiamiamo «contemplazione».

Contemplazione

Talvolta usiamo la parola «contemplazione» come sinonimo di «pensiero». In una compagnia filosofica, però, la parola ha un senso più specifico e significa pensare dagli strati più profondi del proprio essere in cerca d'idee profonde. Tale significato si avvicina allo spirito con cui la parola è usata in certi scritti filosofici e spirituali, per esempio di Platone e di Plotino.

Pensare dalla nostra profondità è molto diverso che *pensare intorno a* un'idea esaminandola da fuori come fa un biologo quando ispeziona un insetto con la lente d'ingrandimento. Questo modo di pensare proviene dagli strati più superficiali di noi stessi, dalla facoltà analitica opposta alla sensibilità, emotiva o spirituale. È molto più difficile pensare *dalla* propria profondità anziché pensare *intorno a* essa. Tali pensieri esprimono la dimensione più profonda dentro di noi o le «danno voce» senza trasformarla in un oggetto d'indagine. La contemplazione, in questo senso, riguarda il dar voce e, principalmente, il pensare-da piuttosto che il pensare-a.

La contemplazione non è un compito semplice. È facile confondere la contemplazione con le associazioni di pensiero non focalizzate; ma la contemplazione, in realtà, è l'opposto di un pensiero trascurato. Se ci limitiamo a far andare i nostri pensieri a briglia sciolta, se lasciamo che la nostra bocca pronunci parole in libertà e senza impegno, allora non facciamo altro che dare espressione a materiali psicologici arbitrari, a niente di profondo in noi. Nel fare associazioni ci riempiamo la mente con una chiacchiera distratta, mentre, nel contemplare creiamo uno spazio interno in cui la profondità interiore può dar voce a se stessa.

In conclusione, la contemplazione è un metodo per dar voce alla profondità interiore mettendo da parte la tendenza a controllare i pensieri, aprendo uno spazio interiore di silenzio, invitando la profondità interiore a esprimersi in questo spazio. Ciò richiede un atteggiamento che coinvolge il nostro intero essere. La scelta delle parole, dell'intonazione della voce, il ritmo del discorso, la postura fisica, l'attenzione e, infine, i pensieri – tutte queste forze devono mettersi insieme. Ciò richiede, ovviamente, focalizzazione, esperienza ed esercizio.

Dar voce

Ho già menzionato l'espressione «dar voce». In una certa misura, quando do voce, divento uno strumento musicale nelle mani del musicista che, attraverso di me, esprime ciò che l'ha ispirato. Sono la bocca che pronuncia le parole che «vogliono» essere ascoltate sulle mie labbra. Sono la persona che dà espressione alla profondità interiore che «vuole» esprimersi attraverso di me.

Per dar voce devo lasciar andare la comune tendenza a controllare i miei pensieri e abbandonarmi al flusso d'idee oltre i confini del mio piccolo sé. Divento così parte di un più ampio flusso dinamico d'idee che fluisce nel gruppo, nel mio profondo, nel testo e nella realtà umana in generale. Non sono più un individuo che basta a se stesso e che esprime solo le sue idee private perché do voce alla saggezza, all'esistenza umana, alla realtà in generale.

Queste metafore sono tuttavia inesatte perché l'atteggiamento di dar voce non è in alcun modo passivo. Non è l'atteggiamento dell'Oracolo di Delfi, mero strumento nelle mani di Dio. Quando do voce alla mia profondità interiore o alla realtà umana così come risuona a fondo dentro di me, uso il mio linguaggio, le mie immagini, la mia sensibilità e anche le mie predilezioni culturali, i miei presupposti, i miei pregiudizi. Sono un essere umano proprio come il filosofo di cui sto leggendo il testo. La realtà umana non parla mai in me da sola perché sono sempre io che «coloro» i suoi movimenti dentro di me con il mio modo personale di pensare, con la mia sensibilità, con la mia creatività. Dar voce è un atto ricettivo che è anche fortemente creativo.

Stare insieme e risuonare

Nella compagnia filosofica contempliamo stando insieme – stando insieme con i nostri compagni e anche con il testo selezionato. Non è una coincidenza, perché il contemplare e lo stare insieme sono intimamente legati l'uno all'altro.

In una conversazione normale ogni partecipante parla da un punto di vista particolare: «Sono d'accordo», «Non sono d'accordo», «Ne dubito», «Non lo so», «Non mi pare». La parola «io» è qui importante perché significa che sono io la fonte del mio punto di vista, il «proprietario» delle «mie» idee e mi relaziono agli altri come un proprietario di vedute che si rivolge a un altro proprietario di vedute. Questo tipo di atteggiamento mi mette nella posizione di un individuo separato – di un atomo le cui idee sono distinte dalle idee degli altri. La conversazione diventa così un incontro fra punti di vista separati, l'imbattersi del mio punto di vista con il tuo.

Stare insieme significa abolire la distinzione fra i pensieri miei e quelli tuoi, fra le mie e le tue vedute, fra le mie e le tue convinzioni. Ciò non significa andare d'accordo ma che l'andare o il non andare d'accordo non sono più in questione. Nello stare insieme mettiamo da parte le nostre opinioni e le nostre credenze perché irrilevanti al discorso. Per la durata della sessione non sono più un pensatore separato che si tiene strette le proprie vedute come distinte da quelle degli altri. Non sono più il «proprietario» del mio regno privato d'idee. Sono una voce nel coro che prende parte al tentativo di arricchire e di far progredire il pensiero del gruppo nel suo insieme. I miei pensieri sono intessuti con quelli dei miei compagni così da creare un tessuto elaborato delle idee del gruppo.

Per usare una metafora dell'ambiente jazz, stando insieme non possiamo fare come il suonatore solista che suona da solo, ma diventiamo musicisti della stessa banda jazz, risuoniamo a vicenda producendo un'unica musica. Similmente, in una compagnia si crea una comprensione di gruppo che è composta dei contributi di tutti i compagni insieme. Non facciamo a gara o ci giudichiamo perché la musica di uno non è distinta da quella dell'altro.

In conseguenza di ciò si ha una profonda modificazione dell'atteggiamento interiore dentro a una compagnia. Non sono più l'osservatore che guarda fuori di sé, che pensa-a, che polemizza, che reagisce. Ora sono nell'atteggiamento interiore di «stare con» – risuonando con gli altri, con il testo e con le idee. Ho abbandonato il controllo della mia realtà perché ora la mia realtà si estende oltre il mio piccolo sé, in un atteggiamento di apertura e non di chiusura, di espansione oltre i confini, come fossi il filo di un tessuto più grande.

Risuonare non è di per sé un atteggiamento contemplativo perché non implica necessariamente quella riflessione su questioni fondamentali dell'esistenza che è invece una parte essenziale della contemplazione filosofica. Si tratta comunque di un ingrediente importante nell'atteggiamento contemplativo perché ci trae fuori dall'abituale atteggiamento interiore e ci sospinge all' apertura verso i più grandi orizzonti del nostro essere.

Capitolo 3
QUESTIONI PRATICHE

Incontri online o di persona

Una compagnia filosofica può essere realizzata in due modi diversi, uno prevede incontri di persona con frequenza settimanale o in un ritiro durante il finesettimana, l'altro incontri elettronici tramite un programma di video-chat come Skype o ooVoo. Ognuna di queste modalità ha vantaggi e svantaggi.

Alcuni trovano gli incontri di persona più naturali e più personali, sentono un legame maggiore quando possono vedere il linguaggio del corpo dei compagni e intrattenersi con loro prima o dopo la sessione.

Un altro vantaggio dell'incontro di persona è che il numero dei partecipanti può essere più flessibile. Mentre 15 persone possono riunirsi in una stanza, è difficile fare una riunione online con più di nove, dieci persone. Quando vediamo solo le facce sullo schermo, l'interazione all'interno del gruppo può essere confusa; non si capisce, ad esempio, verso chi stia guardando la persona sullo schermo.

Ciononostante la soluzione online ha certi vantaggi. In primo luogo, una compagnia online può mettere insieme persone che vivono lontane tra loro ai quattro angoli della terra. L'organizzatore vede così sensibilmente incrementato il potenziale d'utenza – ognuno, sul pianeta, è un partecipante potenziale. Questo consente di creare gruppi diversificati che mettono insieme persone di varie nazionalità e di diverso background.

Le sessioni online, inoltre, non comportano i problemi organizzativi degli incontri di persona, come trovare un posto per incontrarsi e pagarne l'affitto. Inoltre, recarsi a un incontro di persona richiede tempo perché i partecipanti devono spostarsi per raggiungere il posto con mezzi pubblici o privati. Al contrario, una sessione online, non richiedendo né il tempo del viaggio, né le spese, agevola la frequenza dei partecipanti e può accrescerne il numero potenziale. Nella nostra affaccendata vita contemporanea c'è una bella differenza fra impegnare un'intera serata o solo sessanta o novanta minuti.

Progettare la cornice di lavoro

Ci sono sicuramente svariati modi di progettare una compagnia filosofica e alcuni sono ancora insondati ma, sulla base della nostra esperienza in Agora, vorrei fare le seguenti raccomandazioni.

La prima è che una compagnia non dovrebbe essere né troppo piccola né troppo grande, diciamo 5-10 compagni negli incontri online e 8-15 in quelli personali. Questo numero consente un'interazione vivace e ricca da un lato, attuabile e ben focalizzata dall'altro. In un gruppo troppo piccolo vengono a mancare le più ricche dinamiche e quella sensazione di stare insieme che solo un gruppo più grande può dare. Una parte notevole della forza di una compagnia, inoltre, deriva dal fatto che l'attività di gruppo supera l'individualità di ognuno. È pur vero, però, che, quando un gruppo è troppo grande non può dedicare tempo sufficiente a ciascun partecipante e gli esercizi finiscono per sembrare ripetitivi, caotici, impraticabili.

La seconda è che sarebbe meglio scegliere la cornice di lavoro in anticipo. Nei gruppi di persona un ritiro nel finesettimana può essere abbastanza intenso, altrimenti, di solito, una volta alla settimana è la frequenza giusta per creare continuità senza appesantire. Quattro incontri, uno alla settimana, sono la giusta cornice di lavoro per una compagnia; quattro incontri che danno al gruppo il tempo necessario per maturare idee e percepire la sensazione di stare insieme senza noia o pesantezza. Alla fine di un giro di quattro incontri le compagnie possono decidere di andare avanti con un secondo giro.

La lunghezza comune di ogni incontro è di 60-90 minuti. Un'ora è all'incirca il tempo giusto per una contemplazione di gruppo. Dopo la parte contemplativa della sessione, è buon uso lasciare lo spazio per interagire in modo più rilassato e «naturale» e condividere pensieri ed esperienze in libertà.

La struttura generale di una sessione

Per tenere l'ordine e il punto della situazione ogni incontro è affidato a un facilitatore, il quale può essere o un partecipante con esperienza che si prende la responsabilità di tutti gli incontri, o un compagno a rotazione che facilita il singolo incontro.

Per assicurare l'atmosfera contemplativa è meglio iniziare subito la sessione con un'attività contemplativa, senza attardarsi in socializzazioni e conversazioni estemporanee. Chi lo desidera potrà chiacchierare dopo la sessione.

Ecco una sequenza standard di attività (inutile dire che può essere modificata secondo i fini e le necessità):

1) *Saluto*. Il facilitatore saluta i compagni e spiega brevemente il programma dell'incontro.

2) *Esercizio di centratura*. Si tratta di un breve esercizio meditativo concepito per aiutare i compagni a distaccarsi dalle solite seccature quotidiane e a centrarsi

in se stessi. La maggior parte di questi esercizi si svolge a occhi chiusi sia negli incontri online, sia in quelli di persona. Ecco alcuni brevi esempi:

- Un esercizio d'immaginazione, in cui i compagni riproducono mentalmente l'immagine di trovarsi seduti in silenzio nella natura insieme agli altri compagni.

- Un esercizio di respirazione, in cui i compagni si focalizzano sul respiro scendendo lentamente lungo una colonna d'aria che va dalle narici alla base dello stomaco e anche più giù fin sotto di loro, sotto la sedia.

- Un esercizio posturale, in cui il corpo è usato come metafora degli atteggiamenti interiori. Il facilitatore può fornire istruzioni tipo: ora sei nel tuo corpo, lascia andare ogni cosa, rilassati, fai un passo indietro rispetto a te stesso e apri uno spazio libero al centro di te.

3) *Esercizio principale.* Mentre i compagni si predispongono a un atteggiamento quieto e centrato, inizia la parte principale della sessione. L'attività si svolge intorno a un testo filosofico lungo all'incirca una o mezza pagina, usato come asse centrale che orienta l'incontro. Il testo non va per nulla concepito come un'autorità ma come un punto di partenza della contemplazione.

Spesso gli esercizi sono articolati in due fasi: la prima è un incontro preliminare col testo in cui ci si assicura che ognuno intenda il suo significato più immediato. In questa fase i compagni meditano sulle idee e sui concetti di base. La seconda fase consiste in un esercizio più creativo e personale in cui i compagni vanno oltre il testo. Per maggior dettagli, vedi il capitolo successivo.

4) *«Cosa porto con me?»*. Dopo che i principali esercizi sono finiti, ma mentre i compagni sono ancora in uno stato d'animo contemplativo, ogni persona è invitata a condividere ciò che porterà con sé dell'avvenuta sessione. Lo scopo non è discutere ma riflettere sulla sessione nell'insieme, dando voce a intuizioni significative o a quelle esperienze che sono emerse. Per conservare l'atteggiamento contemplativo i partecipanti possono attenersi alla procedura del Parlar prezioso o a quella del Colloquio Intenzionale (vedi il capitolo successivo).

5) *Meta-conversazione.* Il facilitatore annuncia che la parte contemplativa della sessione è terminata e invita a rilassarsi, a tornare al normale modo di parlare. I compagni possono ora conversare liberamente su ciò che è successo durante la sessione, condividere esperienze, suggestioni o domande. Questa conversazione è chiamata «meta-conversazione» perché la parola greca «meta» è usata in filosofia per dire «dopo» o «su». Bisogna soffermarsi sull'importanza di

distinguere nettamente la transizione dalla parte contemplativa alla meta-conversazione (per esempio: «La sessione contemplativa è terminata. Diamo ora inizio alla meta-conversazione»), perché le rispettive regole per parlare e l'atteggiamento interiore richiesto differiscono molto.

Scegliere un testo per la sessione

Durante la sessione di una compagnia si usa di solito un breve testo, lungo all'incirca mezza pagina. Sebbene il testo non rappresenti l'autorità cui attenersi, è comunque un punto di riferimento che tiene insieme i compagni dentro uno stesso regno d'idee. Essendo poi difficile inventare idee filosofiche all'improvvisa, un buon testo fornisce un punto di partenza già ricco d'idee, così da non dover ricominciare da zero.

Molti esercizi usati nella compagnia ruotano attorno a un testo e il facilitatore della sessione deve sceglierne uno in anticipo e distribuire le copie ai partecipanti così da averlo davanti durante l'esercizio. Qualche volta il facilitatore può chiedere di leggere il testo prima della sessione.

I testi migliori per gli esercizi filosofici sono i testi condensati e poetici e non troppo difficili da capire. Li possiamo trovare fra i Temi filosofici alla pagina web Agora (http://www.philopractice.org/topics).

Distrazioni, rumori, difficoltà di concentrazione

Rumori e distrazioni sono prevedibili in ogni luogo d'incontro ma diventano specialmente evidenti in una sessione contemplativa per la particolare enfasi sul silenzio interiore. Quando queste distrazioni non possono essere eliminate, la cosa migliore è riconoscerle come un'utile sfida. Non dobbiamo credere che la contemplazione sia sempre piacevole e tranquilla. Essa implica sforzo, impegno, lotta contro le difficoltà. Gli ostacoli sono del resto parte della vita e imparare a farsi strada fra essi è parte di ogni viaggio di crescita interiore.

Il facilitatore può istruire i compagni a trattare le difficoltà come se fossero parte dell'esercizio, come un'opportunità per apprendere qualcosa su se stessi e sul processo contemplativo. La nostra reazione a un disturbo rumoroso è parte del processo contemplativo. Un rumore non è qualcosa per cui irritarsi o una ragione buona per una pausa ma una sfida da cui imparare.

Lo stesso vale per le distrazioni interne. I partecipanti, talvolta, arrivano stanchi, ansiosi e distratti dai problemi personali; ma ciò fa parte della vita. La contemplazione non è soltanto dei momenti di tranquillità. Un vero viaggio verso la crescita comporta che si scalino montagne, che si attraversino deserti e non che si percorrano solo strade battute.

Problemi tecnici durante le sessioni online

Le sessioni online pongono le loro sfide ma la maggior parte di queste possono essere affrontate abbastanza facilmente.

Ordine degli interventi. Alcuni esercizi richiedono che i partecipanti parlino secondo un ordine prefissato. In una situazione faccia a faccia l'ordine degli interventi può seguire quello secondo il quale ci si trova seduti. Negli incontri online, invece, non c'è ordine di seduta e le facce sugli schermi sono abitualmente disposte in modo diverso per i vari partecipanti. Come determinare l'ordine degli interventi?

Una soluzione semplice è quella di parlare in ordine alfabetico secondo il nome proprio. Alfredo parla prima di Beatrice e Beatrice parla prima di Clara. Ogni partecipante dovrebbe ricordarsi il nome della persona che lo precede. Oppure il facilitatore può aiutare chiamando lui i vari nomi.

Perdere la connessione a Internet. Poiché le connessioni Internet non sono sempre stabili, talvolta capita che i partecipanti perdano la connessione e scompaiano dalla sessione. Di solito riescono a ricollegarsi entro pochi minuti; ma è importante farlo con discrezione, senza interrompere la sessione. Per questo introduciamo una regola: ogni qualvolta ci disconnettiamo, possiamo riconnetterci e tornare nel gruppo ma nel modo più tranquillo possibile, senza dare spiegazioni e senza chiedere scusa.

Google Drive come «lavagna» di gruppo. Alcuni esercizi richiedono una lavagna centrale sulla quale il gruppo possa scrivere insieme. I servizi di Internet come Google Drive possono essere usati a tale scopo. Google Drive è un servizio sincronizzato fornito da Google senza costi. Consente a un gruppo di persone di aprire un documento comune e di scrivere su di esso stando ognuno davanti allo schermo del proprio computer. Ogni cosa scritta da una persona è vista immediatamente dagli altri e tutti possono scrivere contemporaneamente, cosa questa che consente di fare esercizi che sarebbero impossibili o troppo difficili con una lavagna fisica.

Per usare Google Drive, bisogna avere un account gmail, che è gratuito.

Capitolo 4

PROCEDURE E ESERCIZI

Procedure, esercizi e sessioni

Distinguiamo per chiarezza tre concetti: «procedure», «esercizi» e «sessioni».

Una *sessione* è un incontro completo di circa 60-90 minuti che può contenere molte attività, come esercizi e una meta-conversazione.

Una *procedura* è una regola – o più regole – su come parlare e interagire. Non è un'attività indipendente ma un elemento all'interno di un'attività più grande. Un esempio semplice è il seguente: «Ogni partecipante dice solo una frase quando è il suo turno». Una procedura può essere usata come parte di molti esercizi.

Un *esercizio* è un'attività strutturata consistente in più passi. Molti esercizi usano la procedura del Parlar Prezioso. In altri termini il Parlar Prezioso è un elemento di molti esercizi.

Le procedure e gli esercizi svolgono un ruolo centrale durante la sessione della compagnia perché aiutano ad assumere un atteggiamento contemplativo. In altre parole spiegano come pensare e interagire da un luogo dentro di noi più profondo del solito. Una discussione normale non sarebbe sufficiente a questo scopo perché metterebbe in movimento solo il modo automatico di parlare, mancando lo scopo della compagnia. Talvolta le procedure e gli esercizi fanno sentire l'interazione in modo «innaturale»; ma questo è proprio il loro scopo: tirarci fuori dal nostro «atteggiamento naturale», dal «pilota automatico» che è in noi.

Una compagnia può avere successo solo se i compagni conservano il giusto atteggiamento interiore – un atteggiamento contemplativo molto diverso dal nostro modo abituale di congetturare, affermare, giudicare e pensare come osservatori esterni. Non sarebbe esagerato dire che la compagnia si regge o fallisce in base alla capacità dei partecipanti di mantenere siffatto atteggiamento interiore. Per questo le procedure e gli esercizi non dovrebbero essere visti come trucchi per rendere la sessione interessante o divertente ma come strumenti per aiutare a contemplare. È impossibile pensare al successo o all'insuccesso di un esercizio della compagnia indipendentemente dal fatto che essa abbia o no suscitato un atteggiamento contemplativo.

A. PROCEDURE

La procedura del «Parlar Prezioso»

In a questa importante procedura, i compagni cercano di seguire tre «intenzioni». (Le intenzioni sono simili alle «regole» ma sono meno nette rispetto ad esse e regolano gli sforzi interni più che il comportamento osservabile). Tali intenzioni aiutano i partecipanti a uscire dal loro modo abituale di parlare e ad assumere un atteggiamento contemplativo interiore. Esse sono:

1) *Ogni parola è preziosa*. Quando parli in gruppo tratta ognuna delle tue parole come fosse un diamante di valore, un regalo prezioso che fai al gruppo. Così parlerai in modo condensato e focalizzato, ti limiterai alle sole parole necessarie – di solito non più di una frase alla volta. Eviterai ripetizioni o spiegazioni eccessive, come anche parole ridondanti quali «Bene, penso che...» o «Vorrei dire che...» o «Mi sembra che...». Al loro posto esprimerai direttamente l'idea stessa e pronuncerai le parole chiaramente con un ritmo e un'intonazione significativa.

2) *Parlare dalla propria profondità interiore*. Prova a parlare da molto dentro di te. Metti da parte i tuoi abituali impulsi a dichiarare le tue opinioni, a reagire automaticamente, a ricordare aneddoti e associazioni personali. Apri uno spazio interiore di silenzio in te

stesso – una «radura» nella foresta della confusione mentale – e dai voce alle idee e alle parole che compaiono in quello spazio. In altre parole, presta attenzione alle parole che «vogliono» parlare in te.

3) *Parlare con (risuonare)*. Quando ti relazioni a un'idea del testo o a un compagno non parli «di» ma «con». Non ti trovi in accordo o in disaccordo, non valuti o giudichi, non analizzi o fai commenti al suo riguardo ma risuoni piuttosto con l'idea proprio come un musicista jazz risuona con i suoi compagni.

Queste tre intenzioni non sono sempre facili da seguire ma, siccome richiedono un cambiamento radicale del nostro comune modo abituale di conversare, i loro effetti sull'atteggiamento interiore dei partecipanti possono essere profondi.

Ci sono molte versioni alternative del Parlar Prezioso, ognuna delle quali adatta a scopi diversi. La prima possibilità è che i partecipanti parlino in ordine, la seconda che parlino liberamente. Nella versione ordinata, essi parlano uno dopo l'altro secondo un ordine prefissato che può seguire, nella compagnia di persona, la posizione in cui sono seduti e, nella compagnia online, l'ordine alfabetico. Nella versione libera, i partecipanti sono liberi di parlare quando vogliono, quando sentono di avere qualcosa da esprimere. La versione ordinata dà luogo a frasi dal passo ritmico e veloce (un compagno può dire «passo» per passare il turno alla persona successiva). Nella versione libera il parlare è solitamente frammisto a lunghi silenzi.

La seconda possibilità è che i partecipanti formulino le parole liberamente oppure che sia loro richiesto di farlo in modo specifico. Per incoraggiarli a relazionarsi vicendevolmente, ad esempio, possiamo chiedere d'inserire nella propria frase una parola usata da chi li ha preceduti. Oppure di cominciare la frase con un certo attacco prefissato (ad esempio: «Il mio silenzio interiore è...»).

La procedura del «Conversare Intenzionale»

Sebbene il Parlar Prezioso sia una procedura potente, ha le sue limitazioni. Permette ai partecipanti di dire solo brevi frasi e una alla volta. Invece, talvolta, bisogna lasciare che i partecipanti si esprimano in modo molto dettagliato e che conversino interagendo maggiormente senza tuttavia perdere l'atteggiamento contemplativo. È a questo scopo che usiamo il «Conversare Intenzionale».

La procedura del Conversare Intenzionale si basa anch'essa su varie intenzioni. (Le «intenzioni», ripetiamo, sono come le regole per la consapevolezza interiore). Invece di enfatizzare la preziosità di ogni parola pronunciata, le intenzioni del Conversare Intenzionale danno rilievo alla componente di ascolto della profondità interiore:

1) *Ascoltare dalla nostra profondità interiore.* Ascoltare gli altri è elemento cruciale di questa procedura e si tratta di un tipo speciale di ascolto. Non ascoltiamo dalla nostra più comune posizione da cui diciamo «Sono d'accordo» o «Non sono d'accordo», «Questo mi ricorda...» o «Questo assomiglia alla teoria di Platone...», e neppure «Questo m'interessa» o «Questo mi sembra giusto». Piuttosto, facciamo tacere il nostro se sentenzioso e ascoltiamo restando in un luogo dentro di noi che non ha opinioni e che non fa associazioni personali.

A questo scopo dobbiamo prenderci qualche istante prima di dar inizio alla procedura, far tacere la nostra mente, mettere da parte opinioni e risposte automatiche. Dobbiamo aprire uno spazio interiore dentro noi stessi, una radura e, quando i partecipanti cominciano a parlare, dobbiamo collocare dolcemente le loro parole «in» questa radura, rendendo le parole e le idee delle presenze vivide nella nostra mente.

2) *Dar voce.* Quando parli, esprimi solo le comprensioni che sono vive dentro di te in quell'istante. Per farlo, non bisogna parlare dalle proprie opinioni abituali ma dall'ascolto dentro se stessi. In altre parole,

apriti al tuo essere interiore e «dai voce» alle parole e alle idee che sono vive in profondità dentro di te. Ignora ogni opinione abituale, ogni reazione automatica e ogni pensiero del passato che ormai non è più.

3) *Discorso condensato.* Quando è il tuo turno, puoi dire tante frasi quante servono (non ti devi limitare a una sola frase come nel Parlar Prezioso). Tuttavia devi sempre formulare le tue idee in modo condensato, senza ripetizioni, spiegazioni esagerate o parole inutili.

4) *Risuonare con gli altri.* Quando parli, devi riferirti a ciò che il compagno ha detto prima non per parlare *su* ciò che ha detto ma per risuonare *con* ciò che ha detto. Per farlo, pensa di essere il cantante di un coro. I tuoi compagni stanno facendo musica insieme, ognuno con una voce diversa, improvvisano insieme mentre procedono. Ciò comporta che significati diversi possano comparire uno a fianco all'altro e, anche se sembrano contraddirsi a vicenda, creano invece una polifonia di voci.

La procedura del «Leggere Adagio»

In molti esercizi vogliamo leggere un testo insieme ma vogliamo ascoltarlo con un atteggiamento contemplativo, dal nostro silenzio interiore. Il problema è che siamo talmente abituati a leggere testi che non notiamo più le singole parole e frasi. Cerchiamo «attraverso» le parole il significato che sta dietro di esse. La procedura del «Leggere Adagio» ci consente d'interrompere questa abitudine e di ascoltare il testo in modo diverso.

Leggere Adagio, nella sua forma più semplice, comporta soltanto che un volontario legga il testo ad alta voce molto lentamente, molto più lentamente del solito, mentre gli altri seguono, ognuno con una copia del testo in mano e ascoltano le parole in silenzio, dal loro spazio interiore, mentre si accorgono di parole o frasi particolari che li toccano o che attraggono la loro attenzione.

In un'altra versione del Leggere Adagio un volontario legge il testo ad alta voce mentre gli altri compagni sussurrano le parole o le dicono in silenzio dentro di loro.

Una terza versione di questa procedura prevede che il facilitatore legga solo la prima parola di ogni frase lasciando che i partecipanti continuino da soli, in silenzio, il resto della frase, per un tempo sufficiente a leggere la frase molto lentamente, possibilmente più volte.

La procedura del «Cantilenare Filosofico» (o «Ruminatio»)

Questa procedura meditativa è stata sviluppata dal mio amico Gerald Hofer, un filosofo pratico tedesco. È una procedura semplice che assomiglia alla cantilena.

Prima di cominciare, bisogna assicurarsi che i partecipanti capiscano il testo (vedi sotto la sezione «Esercizi per studiare un testo»). Il facilitatore sceglie una frase e i partecipanti cominciano a leggerla ad alta voce, ripetutamente, uno dopo l'altro, secondo l'ordine in cui sono seduti (nei gruppi di persona) o in ordine alfabetico (nei gruppi online). Quando i compagni hanno finito di recitare la frase, ricominciano un secondo giro e così via per circa cinque, sette o anche dieci volte. In tal modo la stessa frase è ripetuta diverse volte per svariati minuti.

L'effetto può essere potente. Dapprima la mente può essere annoiata o irritata da tali infinite ripetizioni, ma comincia subito a rasserenarsi focalizzando e contemplando la frase. Nuove idee possono affiorare alla propria consapevolezza.

Come con altre procedure sono qui possibili molte variazioni. Il facilitatore può dire ai compagni semplicemente di ascoltare con calma mentre attendono il loro turno o, in alternativa, di recitare la frase a mente insieme al lettore. Un momento di silenzio fra un giro e l'altro può aiutare la contemplazione personale.

Dopo aver finito di recitare, la procedura può essere seguita dalle procedure del Parlar Prezioso o del Conversare Intenzionale in cui i partecipanti esprimono le loro intuizioni e le loro emozioni.

B. ESERCIZI PER STUDIARE UN TESTO

L'esercizio dello «Studio Contemplativo»

L'esercizio è usato quando il gruppo s'imbatte in un testo per la prima volta, specialmente se è complesso. È allora necessario studiare il testo e provare a comprenderne il significato letterale senza perdere l'atteggiamento contemplativo. Una discussione normale sarebbe inopportuna perché farebbe perdere l'atmosfera contemplativa. Tale esercizio si compone di due procedure: Leggere Adagio e Parlar Prezioso e forse anche del Conversare Intenzionale.

Per prepararlo, il facilitatore sceglie un testo filosofico di 3-6 paragrafi (ma il testo può essere suddiviso in paragrafi dal facilitatore stesso).

Nella prima fase di questo esercizio, un partecipante legge il primo paragrafo del testo secondo la procedura Leggere Adagio, quindi il facilitatore pone la domanda: «Cosa ti ha comunicato questo paragrafo?» e i partecipanti rispondono con un giro di Parlar Prezioso.

Terminato questo giro, il gruppo continua col paragrafo successivo e così via fino alla fine del testo.

Dopo che i paragrafi sono stati letti e che si è contemplato su di essi, il facilitatore chiede ai compagni di contemplare sul testo nel suo insieme. È chiesto loro di andare oltre le semplici risonanze col testo e di dar voce alle loro intuizioni personali. A questo scopo si può porre una domanda come questa: «Cosa mi porta a scoprire questo testo?» o, «A che punto mi trovo adesso, dopo aver letto il testo?» O semplicemente: «Quali intuizioni personali vogliono ora esprimersi in me?».

I partecipanti rispondono a tali domande per mezzo del Parlar Prezioso o del Conversare Intenzionale.

L'esercizio di «Camminare in un paesaggio di idee»

Anche questo esercizio, come il precedente, può essere usato per imparare un nuovo testo filosofico, soprattutto la sua logica interna e i concetti principali. Può essere anche usato per andare oltre il testo in modo creativo e personale.

L'esercizio si basa sull'osservazione che al centro di ogni teoria filosofica si trova un piccolo numero di concetti o d'idee centrali. Per capire questo punto, si prenda in considerazione, ad esempio, la differenza fra gli approcci filosofici alle relazioni interpersonali. Così l'approccio di Martin Buber si rivolge a due idee principiali: l'idea che una persona non è mai un atomo isolato ma sempre una persona-in-relazione e la distinzione tra relazioni basate sullo stare insieme (io-tu) e relazioni basate sulla distanza e sulla separazione (io-esso). Quando esaminiamo l'approccio di Emmanuel Lévinas allo stesso tema, ci accorgiamo che si rivolge a idee molto diverse: la fondamentale vulnerabilità degli esseri umani e la propria responsabilità verso la vulnerabilità altrui. Nell'approccio di Ortega y Gasset troviamo idee centrali ancora diverse: la distinzione fra mondo interiore e mondo esteriore, l'essere nascosto del mondo interiore e la capacità di uscire fuori dal proprio mondo interiore. L'approccio di Jean-Paul Sartre, infine, si rivolge alla distinzione tra fatti e libertà e all'idea che guardare qualcuno equivale a oggettivare quella persona.

Certamente ognuna di queste visioni è molto più complessa delle poche brevi idee intorno alle quali si costruisce tutto il resto. Esse sono le «scheletro» di quegli approcci filosofici a cui possono essere aggiunte altre idee per arricchirlo. Il vantaggio di uno scheletro semplice, tuttavia, è quello di mostrare la struttura logica della filosofia in questione.

Chiamiamo tale scheletro «un paesaggio di idee». Come un paesaggio reale è fatto di montagne, di laghi e di fiumi connessi a vicenda in un certo modo, così il paesaggio concettuale di una teoria filosofica è fatto di una rete di «pietre miliari» interconnesse. Esaminare il paesaggio di una veduta filosofica significa osservare il modo in cui i concetti centrali sono in relazione tra loro.

Tutto questo è alla base dell'esercizio «Camminare in un paesaggio di idee». In tale esercizio rintracciamo il paesaggio di una visione filosofica ma lo facciamo dall'interno, come se ci camminassimo dentro. Non diamo giudizi o facciamo critiche, non esprimiamo accordo o disaccordo ma «camminiamo dentro» questo paesaggio, scoprendo il modo in cui una pietra miliare è collegata a un'altra e individuando anche nuovi sentieri che non sono indicati nel testo. Possiamo anche dare l'apporto di esperienze personali, collocandole nel paesaggio. Il risultato è un tipo d'indagine che, da un lato è fedele all'interpretazione della logica interna del filosofo, dall'altro è personale e trascende il paesaggio del filosofo alla scoperta di nuovi sentieri di idee e di esperienze.

Quando camminiamo nel paesaggio di idee di un filosofo, dobbiamo mettere da parte le nostre opinioni personali per seguire il suo paesaggio. Far questo è già un passo importante nel senso della contemplazione; ma dobbiamo aggiungere altre regole e intenzioni per acquisire lo spirito della contemplazione, dello stare insieme e per evitare le solite discussioni.

L'esercizio standard di «Camminare in un paesaggio di idee» è fatto di più passi. Col primo passo, dopo un breve esercizio meditativo, cominciamo a leggere il testo con le procedure del Leggere Adagio – molto lentamente, con momenti di silenzio, come a infondere un'atmosfera di ascolto interiore.

Col secondo passo, il facilitatore invita i partecipanti a identificare 2-3 idee (concetti, distinzioni, ecc.) che li hanno colpiti o toccati, in quanto centrali nel testo. I partecipanti esprimono quelle idee nel Parlar Prezioso, non le spiegano ma le nominano brevemente in non più di quattro o cinque parole. (Se ne occorrono di più, è meglio ricorrere alla procedura del Conversare Intenzionale). Possono esprimere un'idea citandola dal testo, esprimendola con le loro parole, ripetendo oppure riformulando le parole degli altri partecipanti. Il facilitatore raccoglie quelle idee e le scrive per farle vedere a tutti (su un documento di Google Drive nei gruppi online o su un foglio comune negli incontri di persona).

Nel terzo passo i partecipanti osservano la lista delle idee accorpandola in una lista più corta. Ciò si svolge tramite la procedura del Parlar Prezioso in cui i partecipanti ripetono quelle idee che li hanno colpiti come importanti o toccanti. Dopo qualche giro, il facilitatore segna (cerchiando o copiando) quelle 2-4 idee ripetute più spesso e questo è il paesaggio di idee su cui il gruppo lavorerà.

I passi suddetti possono richiedere più o meno 10-20 minuti e riguardano la parte maggiormente interpretativa dell'esercizio. Ora che il gruppo ha capito il testo e ne ha schizzato il paesaggio, si può proseguire l'esplorazione in modo più personale e creativo. Questo è il quarto passo dell'esercizio e può essere realizzato in modi molto diversi.

In una versione di questo quarto passo, il facilitatore invita a condividere esperienze personali connesse a tale paesaggio. Ciò dovrebbe essere fatto con la procedura del Conversare Intenzionale che consente descrizioni più lunghe mentre enfatizza l'ascolto interiore e il dar voce a ciò che c'è di vivo in quell'istante. Dopo ciascuna esperienza personale, i partecipanti possono rispondere risuonando con l'esperienza dalla prospettiva del paesaggio che sta sulla pagina. In questo modo, gettano luce sia sull'esperienza che sul paesaggio.

Un'altra versione del quarto passo si concentra su idee generali piuttosto che su esperienze personali. Il facilitatore introduce un nuovo concetto che non è menzionato nel testo e che non compare nel paesaggio del gruppo. I partecipanti sono così invitati a esprimere delle frasi, nel Parlar Prezioso, che possano allargare il paesaggio oltre la sua area originaria, per includervi il nuovo concetto. Ad esempio, in una sessione sulle relazioni buberiane io-tu, il facilitatore può menzionare il concetto di «amore romantico» e poi chiedere: Cosa si può dire sull'amore romantico dalla prospettiva del paesaggio buberiano? Usando la procedura del Parlar Prezioso, i partecipanti propongono delle idee sull'amore romantico che sono nello spirito del paesaggio di Buber. In tal modo il gruppo estende il paesaggio buberiano in modo personale, creativo e contemplativo insieme.

C'è anche una versione più contemplativa del quarto passo. Il facilitatore legge l'inizio di una frase dal testo e i partecipanti, ognuno quando è il suo turno, proseguono la frase in modo che è sia personale, sia relativo al paesaggio in esame. Se si tiene il ritmo senza dar troppo tempo ai partecipanti di pensare, il risultato è una cantilena meditativa.

C. ESERCIZI INTERATTIVI

L'esercizio di «Ascoltare da un'esperienza»
Questo esercizio enfatizza l'ascolto interiore dell'esperienza di un altro compagno. Tale ascolto può essere un modo potente di andare oltre le proprie opinioni personali e gli schemi di pensiero autoreferenziali.

Nel primo momento i compagni contemplano sul testo e si assicurano di capirlo.

In un secondo momento si sceglie una frase o un paragrafo e i partecipanti contemplano su di esso, usando le procedure del Parlar Prezioso e del Cantilenare Filosofico. Durante la lettura ascoltano interiormente per vedere se qualcosa nel testo ricorda loro una relativa esperienza personale recentemente vissuta di persona.

In un terzo momento il facilitatore chiede se c'è un volontario che voglia condividere la sua esperienza personale. Il volontario descrive quell'esperienza in modo sintetico, usando le intenzioni del Conversare Intenzionale. In una versione di questo esercizio chi parla ripete la breve descrizione più volte, per creare un senso di cantilena.

In un quarto momento i compagni contemplano sull'esercizio ma dall'interiorità, come se la cosa fosse successa a loro. Ascoltano attentamente dentro se stessi e danno voce alle intuizioni che, affiorando alla loro consapevolezza, gettano luce su quell'esperienza. Nel far questo, è importante che parlino *dall'*esperienza e non *intorno* a essa.

L'esercizio della «Poesia di Gruppo»

In questo esercizio il gruppo compone insieme una poesia. Ogni partecipante scrive due versi, i versi sono messi insieme e modificati lievemente per stare insieme agli altri.

Due elementi di questo processo creano un effetto contemplativo. Il primo è il tentativo di formulare parole in un modo poetico, cosa che richiede un ascolto interiore e un'attenzione al ritmo delle parole e ai suoni. Il secondo è scrivere una poesia di gruppo, cioè scrivere qualcosa che è più grande delle proprie idee personali. Diversamente dalle comuni conversazioni, io non sono il «proprietario» delle «mie» idee poiché i miei versi sono parte di un insieme più grande. Questa è un'esperienza di umiltà, l'esperienza di essere parte di un movimento di pensiero più grande.

Questo esercizio è adatto a momenti più avanzati di lavoro sul testo filosofico, dopo che il testo è stato compreso (magari attraverso uno Studio Contemplativo). Nella prima fase il gruppo contempla in silenzio per qualche minuto su un paragrafo o su una frase prescelta. È poi richiesto di leggere lentamente, a mente, e di ascoltare interiormente le parole più significative e le idee che sono affiorate.

Nella seconda fase è richiesto di dar voce all'idea che è affiorata in ognuno scrivendola in un paio di versi (righe) di poesia. Ognuno scrive i suoi versi, separatamente, su un pezzo di carta. In alternativa, in una compagnia online, scrivono contemporaneamente su un documento di Google Drive, così da poter vedere ognuno il processo di scrittura dei compagni.

Nella terza fase, i versi sono messi insieme in ordine casuale, su un pezzo di carta comune o su un documento di Google Drive. Qualche volontario legge l'intera poesia e il gruppo ascolta interiormente il modo in cui essa fluisce. Dopo ogni lettura, i compagni sono invitati a suggerire modifiche che migliorino e diano unità alla poesia, cambiando l'ordine dei versi, i verbi, i pronomi, aggiungendo congiunzioni e così via.

Può anche seguire una quarta fase in cui i compagni contemplano sulla poesia portata a termine e vi apportano, se è il caso, le loro reazioni personali attraverso la procedura del Parlar Prezioso o del Conversare Intenzionale.

CONCLUSIONI

In questo libretto ho provato a compilare idee e tecniche che, per la mia esperienza, aiutano a creare un'attività filosofica profonda e perspicace stando insieme. Proseguendo nel lavoro svolto stando insieme, il gruppo cresce in coesione e in intimità, mentre aumenta la capacità di risvegliare la profondità interiore dei partecipanti.

È inutile dire che il potenziale della compagnia filosofica è grande e che esistono molte strade che attendono di essere esplorate. Spero che altri filosofi pratici continuino a esplorare nuove idee, nuove procedure e nuovi esercizi. Considero questo manuale un punto di partenza per successivi sviluppi, non una cornice di lavoro definitiva.

Quando si sviluppano nuove idee è però importante tenere a mente il disegno generale, in special modo la finalità, ossia coltivare la profondità interiore, l'orientamento contemplativo e lo spirito dello stare insieme. Questi sono i tre pilastri della compagnia filosofico-contemplativa e definiscono cosa sia una compagnia. Si possono certo sviluppare formati non contemplativi o che non enfatizzano il risuonare stando insieme né la profondità interiore. Gruppi siffatti, ad esempio, potrebbero focalizzarsi su discussioni dogmatiche, sulla condivisione di esperienze personali o sullo sviluppo di abilità dialogiche, ecc. Potrebbero essere gruppi bellissimi ma sarebbe fuorviante chiamarli compagnie filosofiche. Per evitare confusioni e conservare l'integrità della struttura della compagnia, questi gruppi dovrebbero chiamarsi con un altro nome ed essere presentati come qualcosa di diverso. Mi sia permesso ripetere che una «compagnia filosofica» è, per definizione, una cosa molto specifica, è contemplativa, comporta il risuonare stando insieme e mira a coltivare la profondità interiore.

Tenendo ciò a mente, spero che nuove idee, nuove procedure e nuovi esercizi siano presto sviluppati e che tu, lettore, andrai alla scoperta di questo nuovo tipo di attività in un tuo modo personale e lo svilupperai. Sarei felice di sentire dei tuoi esperimenti, delle tue idee e delle tue tecniche. La filosofia consiste nello scoprire nuovi territori non tracciati, la compagnia filosofica è un tale nuovo territorio e t'invito a prender parte a questo viaggio.

Ran Lahav
Febbraio 2016, Vermont, USA

www.ingramcontent.com/pod-product-compliance
Lightning Source LLC
Chambersburg PA
CBHW070550300426
44113CB00011B/1846